Att vara med

en samling dikter, berättelser och monologer

Erica Törnqvist

© Erica Törnqvist 2016
Förlag: BoD – Books on Demand, Stockholm, Sverige
Tryck: BoD – Books on Demand, Norderstedt, Tyskland
ISBN: 978-91-7463-816-5

Del 1: Monologerna

Vårtalet

Läses på valborgsmässoafton utanför en mindre kyrka.

"...och den ljusnande framtid är vår!"
Vet ni vad det bästa med den här årstiden är? Det är att redan på juldagen – när sista julklappen är öppnad, alla chokladpralinerna är uppätna och det snöslaskar ute – kan man sitta där, i sin fåtölj invirad i en varm filt, och säga just de orden jag inlett mitt vårtal med.
För så är det ju verkligen. Den ljusnande framtid är vår – våren och värmen ligger vid det laget bara några månader framåt i tiden, och jag tror att de flesta av oss som står här denna valborgsmässoafton har fått erfara hur fort månaderna januari – april går. Det går så fruktansvärt fort, så man hinner inte ens vakna upp på nyårsdagens morgon innan man istället måste säga: "Den ljusnande NUTID är vår"!

Men åter till "den ljusnande framtid är

vår". Det låter lite bekant...
Är det någon mer än jag som känner till
uttrycket? Studenter brukar sjunga så när
dagen för deras examen har kommit, även
om deras ljusnande framtid lika gärna
skulle kunna vara höst!

Men nu är det vår, och denna valborgs-
mässoafton är till för oss att njuta av.
Trevlig valborg!

Känn efter en extra gång

Predikan. Framförs av en man i trettio-
årsåldern i en stor kyrka inför församlingen.

Att känna av någonting.
Att uppleva. Att erfara.
Att känna. Att uppleva.

Att vara bekant med någon. Att känna.

To feel. To know.

To feel:
Att ha en känsla av något – positivt eller
negativt.

To know:
Att personligen vara bekant med någon.

Att känna någon kan ibland vara lättare
än att *känna* någon. Det kan även vara
tvärtom; lättare att vara bekant med
någon än att uppleva någon.
I det här sammanhanget är denne
"någon" jag talar om Gud.

Vi bör känna till skillnaden mellan att känna honom och verkligen *känna* honom. Men det är klart – vi kan ju inte slå hans rekord; Gud skapade ju oss och vet att vi finns, han är inte bara bekant med oss, han vet exakt vilka vi är – plus allting om alla våra egenskaper. Och kanhända känner han av oss ibland, och vi får det att hoppa till lite i hjärtat på honom – såsom det kan göra för oss när vi känner av Guds närvaro.

Jag längtar tills vi kommer till himlen. Då kommer vi både känna och *känna* Gud.

Har du letat?

Argumentationsunderlag. Scenen är mellan två personer som diskuterar Guds existens. Efter en kort stund, lägger ena personen in följande monolog i sammanhanget:

Jag tycker vi ska gå igenom vad det innebär att finnas. Vad betyder ordet finns? Hur gör man när någon säger åt en att finnas?

Till att börja med tror jag att vi alla hört uttrycket "Sök, och ni skall finna". I den stunden vi håller på att finna något så finns det. Av oss. Följaktligen har allting som funnits någon gång sökts av oss människor. Och anledningen till att vi säger att allting som någon gång funnits av oss fortfarande finns, är att det hela tiden kommer nya sökande människor som finner allting som finns och som även har funnits av oss.

Hur gör jag när jag finns, då?
Om vi ska ta det hela från början, så är jag

faktiskt inte funnen, utan uppfunnen. Jag har alltså inte bara råkat finnas av någon, utan denne någon har begärt att jag ska finnas (så småningom) och dragit upp mig ovan jord. Eller...?
Nej, förresten, det var ju den första människan som blev uppfunnen på det sättet, jag tillhör ju dem som blev uppfunna på något annat sätt – men fortfarande av Gud! Och nu, ungefär tjugo år senare, har jag redan funnits av många människor.

Jag ska avsluta med att ställa en för många välbekant fråga: ”Finns Gud?”
Ja, faktiskt gör han fortfarande det. Folk söker och finner honom konstant, så nog finns Gud alltid. Eftersom löftet om att den som söker ska finna fortfarande gäller, så finns Gud än idag.
Så, till dig som säger att Gud inte finns, vill jag bara fråga en sak: Har du letat?

Gärna det, tack!
*Under föreläsningen i filosofi. En småkristen
doktorand håller föredrag om sambandet
mellan orden "gärna" och "gärningar".*

Gärningar. Om jag förstått det rätt, så är
gärningar något man gör. Det finns för-
övrigt mycket man kan göra – jag är säker
på att alla bibliotek i världen så gott som
består av böcker där folk som gör något
finns med. Så gott som hela GT i Bibeln
berättar om vad folk gör.
Göra, gjorde, gjort. Åstadkomma en gär-
ning eller flera gärningar.

Gärningar, då? Det lär lustigt – om man
tänker sig att ordet "gärningar" stavas en
bokstav annorlunda, låter det som ett
kosttillskott med smeknamn! "Jag ska
bara ta mig en 'järning'"...
Jag kommer att tänka på "Gärna". Att
gärna vilja göra något, att gärna vilja, att
inte gärna vilja. De flesta som använder
sig av uttrycket belyser sin entusiasm

inför motpartens förfrågan (vad det än gäller).

Men om "Gärna" kommer från "Gärningar", kan det ju inte betyda mer än att man gör eller inte gör något. Så alla som gör något, gör det gärna, vare sig de vill eller inte. Härav kan vi dra slutsatsen att de som gärna gör något inte alltid menar det. Vad glad jag blir att vi har en Gud som vet vad vi gärna gör utan avsikt! Men anledningen till att vi använder oss av "gärna" är att vi verkligen påpekar att vi ska göra något eller vill något, och jag ska låta min föregående tanke vara osagd.

Ta för dig – eller vänta på din tur

"Ta dig för någonting", brukar min pappa säga när jag inte riktigt vet vad jag ska göra med min lediga tid. Att ta sig för någonting, att företa sig. Om jag gör det, vem är det då som ligger bakom mig och väntar på att "efterta" sig detsamma när jag är klar? Det här måste jag reda ut.

Det kan inte vara pappa – han måste ju veta vad han talar om när han säger åt mig att ta mig för någonting, och alltså själv företagit sig före mig. Varför säger han då inte att jag ska "efterta" mig? Det kanske är artigare att säga "företa sig", eller så vill han bara påpeka att han verkligen inte vet vad jag ska göra. Men vänta nu, jag tror jag kommit på det – det kan vara någon annan!
Ja, visst! Vi kanske är ett jättelångt led av personer som inte riktigt vet vart vår fritid – eller tid överhuvud taget – ska ta vägen. Och var och en väntar på sin egen tur att ta sig för någonting, och fylla den där lu-

ckan i "livsschemat".
Vem ligger först? Det måste vara en väldigt initiativrik person. Någon som *företar* sig, alltså gör någonting utan att någon föregående säger till först.
Det måste vara Gud.
"Hans ursprung är före tiden" står det ju i Bibeln. Följaktligen den förste, vågar jag påstå, egenföretagaren genom tiderna, osm sedan sa en sak till sin lilla människa, men som nu blivit något helt annat eftersom vi lekt viskleken de tusentals år som gått sedan dess.
Och han finns fortfarande också. Jag går och frågar Gud vad jag ska "efterta" mig, så blir det inte så krångligt!

Inte fel

Rätt.

Det finns, minst sagt, ett stort antal olika rätter här i världen. Förutom förrätt, huvudrätt och efterrätt finns det upphovsrätt, lag-och-rätt, tingsrätt och hovrätt. Rätt som i "inte fel" och rätt som i "mat man kan äta på restaurang".

De som ställer den klassiska frågan "Vem har rätt?" måste därför göra det när det är tydligt vilket sammanhang det är – det är exempelvis inte alltid jag har rätt, ibland har jag precis ätit upp maten! Jag har heller ingen direkt erfarenhet av hur det går till på en rättegång, men jag kan tänka mig att man har ganska ont i fötterna efteråt.

Men för att komma till saken – på riktigt nu – vem har rätt?
I Bibeln pratas det mycket om rättfärdighet. Om man alltså har det, är det klart att man har en plats i himlen sedan. Man får rätt av Gud själv, sedan är det färdigt.

Därav kan vi dra slutsatsen att alla rätt-
färdiga har rätt. Nu kommer vi till nästa
fundering; hur får man rätt av Gud? Jag
tror det skulle vara ganska tråkigt om
man fick fel!
För de flesta är det säkert känt att det står
väldigt mycket i Bibeln, men vad som ock-
så står där, är att om man kommer till
Gud får man ro för själen. Bröd för själen –
också en sorts rätt. Och tror man dess-
utom på Jesus Kristus blir man rättfärdig.
Med andra ord, kommer man till Gud får
man både den ena och den andra rätten!

Så till slut: Vem har rätt?
Gud är full av rätt, så det räcker till hela
jordens befolkning, och vi som tror på
Kristus har fått rätt i Guds domslut. Alltså
har vi rätt!

Från och till

Jag har på sistone märkt att man kan använda ordet "till" till väldigt mycket.
"Vad ska du med den till?", "Till vilket hotell är du på väg?", "Hur blir en människa till?"...
Jag är ganska säker på att man använder ordet i flera sammanhang än man använder uttrycket "ifrån". Att fråga var någon kommer *ifrån* är inte riktigt samma sak som att fråga hur någon blir *till*.
Vi frågar inte varandra hur vi blir ifrån – det går inte att fråga en enskild person om det, för att om personen har blivit ifrån, är ju den personen inte i livet, alternativt född på annan plats där man inte är. Dessutom behöver vi ju inte ställa den frågan – man kan läsa om massor av olika dödsfall, exempelvis i tidningen. Hela tiden blir människor ifrån, överallt, och dessutom på olika sätt, så det finns inte bara ett svar på hur en människa blir ifrån.

"Var *ifrån* är du på väg?"

Detta är en något vanligare fråga att ställa
och dessutom lättare – då personen ifråga
alltid kommer *till* någonting när den kom-
mer någonstans ifrån.
"Vad ska du med den *ifrån*?"
Ska man ha någonting *ifrån* nytta, har man
redan kastat bort det.

Jag kan tänka mig att vi använder "till" till
väldigt mycket – det är inte lika avlägset
som "ifrån".

Både och

*En amatörkomiker i kyrkligt sammanhang.
Monologen framförs under en gudstjänst med
öppenhet för inflikningar från församlingen.
En person stiger fram och för monologen.*

Vad är det som gör att jag inte släcker livs-
lågan? Varför stannar inte mitt hjärta plöt-
sligt – utan egentlig anledning? Att det
slår jämt och inte slutar vare sig vid en
färdigsprungen runda när pulsen hunnit
gå ner, eller efter en lång natts sömn.

Livet. Egentligen finns det säkert tusen
olika saker man kan säga om livet, men
just nu kommer jag inte på så många. Bara
att man kan definiera livet på olika sätt,
exempelvis kan man tycka att "det här är
livet!" när man ligger i solstolen på sin
semester i Spanien.
Å andra sidan – när vi ändå är inne på
resor – kan man få ett annat perspektiv på
livet när man går igenom kontrollerna på
flygplatsen. Det är ju också livet – sådant
man får stå ut med.

Men är det en semesterresa som får hjärtat
att fortsätta slå? Nej, jag tycker att vi ska
titta lite mer på livet först. Jag tycker att
det låter som en förkortning av "lite vett".
Som om det hette så från början, men att
man på senare tid inte orkade skriva eller
säga hela uttrycket, och så blev det "livet".
Så kan det också vara, om man nu i livet
checkar in sina väskor på flygplatsen.
Men det var ju inte "lite vett" som Gud
blåste ini sin första skapade människa –
det var ju mycket av sin Ande. Och det
rimmar till och med bättre med livet än
"lite vett".
Då måste det ju vara Guds Ande som är
livet. Det är ingen tvekan om den saken –
livet i *den* bemärkelsen innehåller ju både
livet som i "lite vett" och livet som i
"mycket av Guds Ande".
Viktiga saker att lära sig varvat med stor
glädje. Ja, så måste det vara. Nu går jag
och lever lite!

"Det som gäller"

Konfirmationsföreläsning. En präst försöker skapa engagemang i de så lagom intresserade konfirmanderna.

Omvänd dig!
-Så får du se skuggor
gå baklänges!
Omvänd dig!
-Så får du se
kungatroner och släpkärror
störtas ned!

Omvänd dig,
så räddas du från evig död.
För evigt.

Ovanstående två argument tävlade mot varandra om mästartiteln "Det som gäller". Det var väldigt jämt i början, och ett litet tag hade det översta argumentet övertaget. Och vinnaren är...
DET NEDRE ARGUMENTET!
Självklart, ingenting på jorden går upp

emot evigt liv – och detta tackar vi jury-
representanten, vår Gud och Herre, för
evigt!

Han gav mig fingret (?)
*Stand up. En ung kvinna med en något snett
vänd högerfot för en monolog om en kärlek
som också passerade.*

Ett finger. Det enda jag har kvar från
honom är knappt ett helt finger – som han
klippt av bara för min skull. Det är bara
jag som ska ha det.
Resten av handen ligger förmodligen kvar
där nere – över femhundra mil hemifrån –
men skulle jag, på något sätt, få reda på
om han klippt av några fler fingrar från
sin kraftiga hand, då får han med mig att
göra! Han skall inte dela ut fingrar till
någon annan än mig!

Han hade så vänliga händer. Han tog
hand om mig där på sjukhuset, jag hade
skadat foten lite grann. Sedan fick jag
fingret. Det han klippte av och gav mig,
alltså. Han tyckte att jag var vacker.

Men det här börjar låta lite skumt, va?
Vad är det för en konstig läkare som delar
ut fingrar till folk? Man gör inte så – i alla
fall inte på Gran Canaria. Det var ju inget
riktigt finger, det var ett plasthandske-
finger! Men jo, jag hade skadat foten lite
grann. Jag råkade snubbla på en skruv
som inte var ordentligt nerborrad, det var
nån slags plattform av trä med duschar
på, vid stranden. Såret under foten blev
infekterat av all sand, och jag fick hoppa
på ett ben bort till sjukhuset där jag blev
omplåstrad. Sen fick jag ett plasthandske-
finger som skulle hålla förbandet
vattentätt, ett litet paket gasbindor och ett
plasthandske-finger till, att byta med.

Ett finger. Det enda jag har kvar från
honom är ett plasthandske-finger som han
klippte av (för att jag ska kunna vårda
såret ordentligt). Det fanns knappast
något annat att välja på. Men nu är jag
hemma i Sverige, och han är förmodligen
kvar på Gran Canaria och klipper av
några fler fingrar.

De' e' änna tanken som räknas!
En göteborgare sitter på Götaplatsen och filosoferar över Gud.

Jag vet vilka tankar Gud har för mig. Han tänker ge mig frid, en framtid och ett hopp. Bra tankar, ska man räkna upp ett sammanhang där tanken räknas, så är det absolut detta.

Jag har också tankar, eller åtminstone en, och där kommer Gud och fyller på med bensin. Men det enda vi kan fylla Guds betydligt fler tankar med, är oss själva, där vi lägger vår framtid i hans händer.

Del 2: Dikterna

Att vara med

Vad är en droppe i havet,
att den bidrar till mängden?
Vad är ett stort hav,
att det består av
oräkneliga droppar?

Vad händer om en droppe i havet
känner sig obetydlig?
Om alla droppar känner så?
En droppe klarar sig inte utan de andra;
en kan inte tillfredsställa
jordens behov
utan de andra.
Men den behövs där
lika mycke' som alla de andra.

Alla i mängden

Här ligger sanden,
och täcker hela jorden.
Det är så
ofantligt mycket sand.
All sand i världen är lika svår
att väga som himlens stjärnor;
det är så svårt
att få tag på alltsammans.

Här ligger sanden,
och täcker hela jorden.
Vikten lika oräknelig
som himlens stjärnor.

Från bruten till hyllad

Han var ärrad,
och sårad av dem han skapat.
Plågad och förnekad
till döds.
Ingen tyckte om honom
-av de som i sammanhanget
hade betydelse.
Han var ärrad,
och hade sår på kroppen.

Efter tidens mörkaste dygn
blev folk förvånade.
Vissa blev lite rädda.
Den döde mannen
fanns inte längre.

Han var borta.
När man sedan hitta' honom,
hade alla R:en försvunnit.
I synnerhet ett "R" av betydelse,
så att han ej mer var ärrad,
utan ärad.

Från att va' föraktad av alla,
gick han till att va'
älskad och respekterad.
Han blev som en nyutslagen fjäril,
sprudlande i färger.
Han var inte längre ärrad,
utan ärad.

Guds instruktionsbok

Hur gör man när man talar?
Öppnar jag munnen hackar det,
orden kommer inte fram.
Hur gör man när man talar?
Jag törs inte
på eget initiativ.

Herrens instruktionsbok är enkel;
Steg 1: Öppna munnen.
Steg 2: Lyssna på Gud.
Steg 3: Upprepa vad Gud har sagt.

Doften av hav

Det jag ser framför mig
går inte att fånga på bild.
Brusandet av vågor,
skimrande vatten
som solens strålar sträcker sig ner till.
Jag tänker:
Hur långa blir solens strålar?

Vattnet ligger som paljetter,
vilande på havets botten.

Det jag har framför mig
går inte att fånga på bild.
Jag tänker:
Hur långa blir solens strålar?
Ett stort valv
täcker merparten av området
och ger mig svaret;
jag känner doften av hav.

Släck inte Anden

Släck inte Anden.
Krossa inte ådran
som betyder allt för din spirituella
överlevnad.

Släck inte Anden.
Knäck inte det strå
som Herren låtit växa för dig.
Släck inte Anden.

Försoningen

Se, jag hör Hans offer.
Det låter om Honom,
han skriker.

"Förlåt dem,
de vet inte vad de gör!"
ropar han.
Jag är förlåten.
Med sin kropp har Han
framburit världshistoriens
sista försoningsoffer,
mina synder kommer han ej mer ihåg.

Var var Gud?

Gud är Han som Är,
också är Gud Han som Var.

Vem är Var?
Jag har aldrig träffat honom förut.
Var är Han,
Han heter ju Var.

Var är vem?
Jo, Gud är här.
Var Han?
Ja, Han Var,
också är Gud Han som Är.

I fråga om äktenskap

En man är gift,
men inte mördande.
En kvinna är för mannen ett gift,
men också hon skonar *hans* liv.

De lever och är ett.
Du hustru,
frälser du din man?
Du man,
frälser du din hustru?

Ogömd & Oglömd

Vi älskar vår Gud,
därför drar vi ära över honom.
En ära som han ser,
en så'n ära drar vi över honom,
som ett täcke.

Många hatar vår Gud,
och drar vanära över honom;
ett täcke som tynger ner våra axlar.

De drar vanära över vår Gud
-honom vill de inte va' nära.

Gud älskar både ena och andra
människan.
Han gömmer sig inte
under ära och vanära,
han drar nå't annat över oss,
ett täcke som inte skymmer nå't
-men visar på nå't;
han ger oss ett tecken.

Omge

Jag är helt i din hand,
du omsluter mig.
Jag är helt i din handling,
du gör något åt min sysslolöshet.

Gud "ger mig om"...
...jag tar emot.
Han om-ger mig,
jag skriver en kortare rad.

Gud om-ger mig
på alla sidor
-jag får mer papper
till övers att skriva på.

Du omger mig på alla sidor,
jag är helt i din hand.

Kärleken

Arn är kär,
hans hjärta brinner.
Arn är kär,
kärleken är oändlig.

Han är så kär,
så hälften hade var't för mycke'.
Han är så kär,
så hela jorden hade inte räckt till.

Va' han älskar sin crush,
han får aldrig nog.

Men vem älskar han?

Vem har han så kär?
"Tveksamt om det är en flicka,
lika tveksamt om det är en man",
har han sagt.
Ryktet om att han
skulle vara homosexuell går.
Men det är ej heller
en människa han älskar.
Låt mig skriva om
den som Arn älskar.

Det är Gud Arn älskar.
Gud som var död
men är återuppstånden igen.
Han som står högre än
en människa
fast vi kallar Gud för "han"
på grund av vårt
begränsade förstånd.

"Gud, det är dig jag älskar",
säger Arn.
"Igår, idag och i tidernas
evigheter."

Dygnet runt

På dagen blir jag frikänd
i Guds dom.
På natten sjunger
mitt hjärta till honom.

På dagen blir jag accepterad;
jag får ett ja av Gud.
På natten drömmer jag
om alla anledningar till att tacka Gud.

På dagen dansar jag
i Herrens närhet
när nåden översköljer mig.
På natten tackar mitt hjärta
för hans nåd.

På dagen kommer jag närmre Gud igen,
på natten kan mitt inre
tillbe ostört.

På dagen är jag frikänd
lika väl som på natten;
på dagen har jag tusen skäl
att prisa Gud,
likaså på natten.

Mitt liv lever jag
för att ära Gud,
dagen och natten är till mitt förfogande.

Att leva

Klamra dig fast vid förmaningen,
överge inte ditt liv.
Bevara förmaningen,
gör dig inte av med ditt liv.

Varje människa
behöver nå't att följa,
alla behöver bli tillfreds
med kloka ord.

Ur hjärtat utgår livet,
förmaningen pumpas igenom kroppen
och blir hans liv.

Guld

Guldet i templet
kommer ingen åt.
Varför kommer ingen åt det?

Alla försöker,
ingen lyckas.
Varför lyckas ingen?

Alla svär vid guldet i templet
-och tror det gäller.
Varför gäller inte det?

Templet kommer alla åt
-på grund av den rika nåd

från Gud som håller oss kär.

Templet är större än guldet;
templet helgar guldet
och är förmer än guldet självt.

Skönhet

Lägg fram lite honung,
krydda med lite salt.
Ta fram den sköna doften
av nardus,
låt den underbara
doften av aloe
stiga upp i dina näsborrar.

Ställ henne i en trädgård
med väldoftande fruktträd,
låt henne bidra
till allt liv där
-gör henne till en källa-
och se, där har vi kvinnan
av Skönheten själv.

Två som saknas

Två är borta,
två är inte kvar.
Två är inte i livet,
två finns inte mer.

Inte längre är de två
-vi ser inte längre två individer.
Nej, två är borta,
två har blivit ett.

Skaparen av allt

Ett enda ord.
Det är allt som behövs.
Detta enda ord,
som är allt som behövs,
skapade allting.

Himmel och jord
skapades av ordet.
Allt var vatten,
innan ordet började skapa.
Allt var mörker,
innan ordet började skapa.
"Varde ljus!"
Det var vad ordet sa.

Blott mörkret skulle existerat,
om inte ordet frambringade ljus.

Vi tar tacksamt emot
ljuset, och den mat vi får.

Vi funderar dock över livet
och frågar oss vad ordet är.
Svaret som återstår att ge
är att ordet finns hos Gud
och Ordet är Gud.

Den ständiga vattendroppen

Den ständiga vattendroppen
rinner ned
-aldrig att den torkar
eller avdunstar,
den är i ständig rörelse.

Den ständiga vattendroppen
rinner ned.
Då kommer jag på mig själv
-jag glömde stänga av kranen.

Styrka och infall

Jag visar mig för dem
-vem kan JAG stå emot?

Jag visar mig för dem
-vem kan stå emot mig?

Balans

Våga ta steget.
-Balansera på den sköra tråden
och finn dig i det.

Hitta bekvämligheten
i det obekväma
-våga utmana dig själv!

Hitta balansen
i obalansen
-då blir din tillvaro stabil.

Och tacka alltid Honom
som håller i dig!

Ej nedsläppa

Ge mig en anledning
att inte rikta blicken nedåt,
släpp mig inte
ur ditt grepp, Herre.

En sak ber jag Herren om;
att han skall uppehålla min själ.

"Signa" väl

Skriv under på något,
bekräfta er överenskommelse
med din underskrift
-så synlig, där på pappret.
Nu är det "signat"
med din signatur.

Mig går det väl,
Gud har skrivit under på mig
och bekräftat mig;
-jag är väl-"signad".

Kungen i himlen

Det sitter en Konung i himlen,
och tittar nyfiket ner.
Det sitter en Konung i himlen,
han sitter stilla och ler.
Det sitter en Konung i himlen,
han sjunger stilla sin sång:
”Älska, älska för kärlek,
älska varendaste gång.”

”Älska för min egen skull,
älska dem för att de är mina”.
Det sitter en Konung i himlen,
och denne Konung är Gud.

Vår spretiga tro

Vi tror på Paulus,
vi håller oss till Apollos lära.

Vi tror att Kristus korsfästes
-se'n kom Matteus
och skapade uppståndelse
genom sin uppståndelse.

Vi tror att en människa föddes
och en Gud
steg upp till himmelen
-se'n kommer Apollos
för att döma världen.

Vi tror att Lukas
döper oss med eld
-se'n kommer Paulus
in i våra hjärtan
när vi omvänder oss.

Vi har en spretig tro

-minst sagt.
Nej, det är inte
sådan tro vi har.

Vi tror på Kristus
-inte Paulus.

Vi håller oss till Herrens lära
-inte till Apollos.

Vi tror att Kristus korsfästes
och uppstod
-ingen annan!

Vi tror att Gud och människa i en
föddes och steg upp till himmelen
-se'n kommer densamme för att döma
världen.

Vi tror att Kristus
döper oss med eld
-se'n kommer Kristus
in i våra hjärtan
när vi omvänder oss.

Plåster

När du får ett sår;
-använd plåster.
När såret ej får ses;
-använd plåster.

Det svider å bränner i skinnet;
-använd plåster.
Det ser groteskt ut;
-använd plåster.

En stor flodvåg
sköljer över staden;
-tusen människor döda.
Ja är starkt skadad,
jag behöver vård

-uppsök läkare!

Sådan upptäckt;
ett obehagligt skrapsår
på armen,
här kommer läkarens goda råd:
"Använd plåster!"

Katten på balkongen

Om man fotograferar en katt
på en balkong, ser det ut som
-en i och för sig väldigt otydlig-
men en näsvärmare med päls på;
huvudet på näsbenet;
svansen på nästippen.

Om man fotograferar en katt
på en balkong, ser det ut som
-en i och för sig väldigt otydlig-
men en kutryggad yngling,
som får besök i sitt torn
-i full färd
med att hoppa ned.

Om man fotograferar en katt
på en balkong så ser man
-i och för sig

vid närmare eftertanke-
men utstängdhet:
Tydliga händelser syns framför en;
men suddiga konturer
-en okänd tillvaro-
skymtar i bakgrunden.
Denna blir man ständigt
pressad emot.

Om man fotograferar en katt
på en balkong så ser man
-i och för sig
vid närmare eftertanke-
men skarpa linjer,
raka mönster.
Disciplin, ordning.
Och på allt detta
sitter en varelse
-och försöker va' likadan.

Förevigar man en katt på en balkong
ser man
disciplin på djuret;
oavsett förutsättningar runtomkring.

Förevigar man en katt på en balkong

ser man
-utan eftertanke alls-
en katt på en balkong.

Livboj

Du är min livboj;
du flyter på land
-men sjunker inte i vatten-
och räddar mig
från mitt fruktans djup.

Du är min livboj;
vem vill ha en rem runt midjan
-när man kan ha en boj?
Du är min livboj;
-inte min livrem.

Väntan på hoppet

Förlängd väntan tär på hjärtat,
uppfylld önskan är ett livets träd.
Vänta hjälper inte
-vem är vännen och vart skall vi?
Förlängd väntan tär på hjärtat,
uppfylld önskan är ett livets träd.

Nej, vänta inte för länge
-både du och vännen
får ont i fötterna.
Vänta inte,
hoppas!
Bättre va' på samma plats
-i luften-
än att gå långt
och inte komma nå'n vart.
Hoppa på nogot med ett "s" i leken,

och hoppas med mycket spänst i fötterna.

Gör detta för Gud,
han styrker både dig och vännen,
i ert hopp för honom.

Talang?

När jag ser din himmel,
dina fingrars verk,
månen och stjärnorna som du har skapat,
vad är då en människa
eftersom du tänker på henne,
en människoson
eftersom du tar dig an honom?

Varför har du gett mig nå't som du skapat;
-hur kan jag hantera det utan dig?
Denna förvaltning är stor
jämfört med mig som så liten;
därför tar jag inte åt mig äran;
-inte för allt som du,

min Herre,
skrivit i en bok genom mig.
Jag är inte värd detta,
men du är värdig all ära
-både för den ena
och den andra skapelsen.

Det osynliga hoppet

Jag hoppas på det jag inte ser,
det jag inte ser ger mig hopp.
Jag väntar uthålligt;
-på det jag inte ser.
Det jag inte ser,
hoppas jag på.

Pastell

Jag är en i mängden;
-och Gud älskar mig.
Jag är inga fler,
Gud har skapat bara mig,
som lever i mig själv.

På håll syns jag inte;
jag, tillsammans med många,
bildar ett mönster på vår jord.
Man måste skåda nära
för att hitta mig;
-annars är jag bara en,
en sådan som en färgklick
bland många.

Rymd

En stjärna lyser sällan ensam.
Stoftet behöver sällskap,
och tillsammans bildas
ett utspänt universum.

Hoppa

Hoppet ligger bara ett steg framåt,
inte mycket behövs;
-för att fullborda det.

Jag ser ingenting
efter hoppet,
där verkar det inte finnas något.
-Det kanske är just det jag ser.
När jag är nere,
kanske jag faktiskt ser något,
och det skapar tomhet.

Jag tänker inte hoppa,
jag tänker hoppas;
jag går inte till det jag ser;
-jag hoppas på det jag ej ser.

Fullmakt

Har inte min hand gjort allt detta?
Är inte jorden min,
och himlarna,
och djuren?
Har inte jag skapat allt?
-Förtjänar jag inte att va' Gud?

Har inte hans hand gjort allt detta?
Är inte jorden hans,
och himlarna,
och djuren?
Har inte han skapat allt?
-Förtjänar han inte att va' Gud?

Förtärande

Vår Gud är en förtärande eld.
Vår Gud brinner,
han är het.
Långsamt slickar han, med sina lågor,
upp allt som kommer i hans väg;
allt som står i vägen för oss.
Allt som hindrar oss
från att komma nära.

Apropå "inte nå't"

Hur ser ingenting ut?
Vissa påstår att ingenting finns;
-har de sett det?

På vissa platser
finns ingenting;
-dem brukar man kalla för öde.

"Jag ser ingenting!"
Det brukar man säga
när man inte ser något
-det är motsatsen till ingenting;
när man inte ser någonting,
ser man oftast ingenting.

Vad händer här?

Nu sätter han ihop trådarna,
ett nytt verk skapas.
Han täcker över det som är färdigt;
-så att det inte skadas.

Ett tjockt lager;
med förmåga till tankar,
läggs på trådarna
-så snart det är färdigt-
för att ingenting skall förstöras.

Ingen kirurg i världen
vågar röra i det han skapar
i detta nu;
-förstörs detta,
kan hela helheten braka samman.

Men han täcker noggrant över;
alla dessa trådar.

Ett tjockt lager;
-med förmåga till tankar,
läggs på trådarna
-så snart det är färdigt-
för att ingenting skall förstöras.

Nu är det färdigt;
sista lagret är pålagt;
-och man hinner se
en svag skymt av verket-
innan det packas ned
i det fördolda.

-Så snart det är färdigt-
förvaras verket i trygghet;
-för att med säkerhet ej skadas.
Så går det till,
när Gud skapar en hjärna.

Del 3: Novellerna

Den tjocka boken öppnades...

...ännu en gång, och en hel nutid visade upp sig.

Mannen satt, där på marken, och lade djupa rynkor i pannan åt den struntsumma som lagt sig i hans mugg. Klockan hade snart slagit tio på förmiddagen och han hade inte ens fått ihop en femma.
Han hade snart glömt bort sitt namn, för det var helt oväsentligt för alla som gick förbi honom.
"Därför har också Jesus lidit utanför stadsporten, för att han genom sitt eget blod skulle helga folket" hade han hört. Vadå då? Jesus blev ju i alla fall rik sedan. Tanken gjorde mannen ännu mer nedstämd. Inga pengar. Inget jobb. Inget hopp. Och hela tiden gick livet förbi honom.

Säljchefen satt och pustade ut, efter en lång dags färd mot kväll. Han och de anställda var tillbaka på kontoret igen efter en lång dag ute på fält. Personuppgifter till dagens sista kund var inskrivna, och där satt nu säljchefen, vid sitt skrivbord, och funderade.

"Om än bergen viker bort och höjderna vacklar, så skall min nåd inte vika från dig och mitt fridsförbund inte vackla, säger Herren, din förbarmare."

Bibelordet hade han fått från en av sina tidigare anställda. Nog gick det bra för hans företag, alltid. En av säljchefens mest skickliga anställda hade dragit in ordentligt på sin försäljning och framgången företaget nu hade var ett faktum. Att berätta hur bra det gick för säljchefen är en underdrift.

Ändå satt han och funderade:

Han var inte helt nöjd med sitt team och hade en stark vilja att utöka det med ännu fler anställda. Samtidigt ville han göra skillnad för de papperslösa tiggarna i staden.

Nu fick säljchefen en snilleblixt. Ja. Han visste exakt vad han skulle göra.

Morgonen därpå vaknade mannen av

ljuset. Det var morgon och återigen dags att gå ut och sätta sig med pappersmuggen.
Allt var som vanligt, folk gick förbi och struntade fullständigt i mannen. Men plötsligt, utan att mannen hunnit tänka, såg han någon som faktiskt gick till honom.

Säljchefen såg på mannen han hade framför sig. Det var ingen typ som såg så trevlig ut. Säljchefen trodde för ett ögonblick att mannen inte hade skrattat eller fått ett leende på läpparna någon gång i sitt liv.
Säljchefen kom på sig själv med att stirrande tänka den tanken. Nu tog han mod till sig, och hälsade vänligt på mannen och förklarade hur han hade tänkt.

Mannen hade aldrig känt sig så sedd förut. På hackig svenska och engelska om vartannat, förklarade mannen för säljchefen att han hade flytt till Sverige från kriget i sitt hemland och sa att han var

papperslös. Han skulle sökt asyl direkt
när han anlände till Sverige, men på
grund av språkbarriären hade det inte
blivit av. Säljchefen beslutade att hjälpa
mannen med att söka asyl. De gick båda
till Migrationsverket för att söka åt
mannen. Sedan var det bara att vänta.

Tiden gick, och allteftersom den gjorde
det, blev säljchefen och den fattige
mannen mycket goda vänner. Deras
samtal stannade alltid vid hur länge de
hade fått vänta.
Dock fanns hoppet kvar i deras hjärtan,
och till slut utgick de bara ifrån tanken att
det snart ordnar sig. Snart kom ett nytt
bibelord upp för ögonen för de båda, som
knöt samman deras vänskap slutgiltigt:
"Nu är också ni bedrövade, men jag skall
se er igen, och då skall era hjärtan glädja
sig, och ingen skall ta er glädje ifrån er."

En vändning av livet

Det var en gång en man som länge hade
levt på obetald skatt. Han hette Henrik,
men folk kallade honom för Penn-rik. Han
hade en hobby att skriva deklarationer till
sig själv allenast, och det gick åt många
pennor till detta.
Henrik kunde inte sluta ge tusan i att be-
tala skatt, han blev både lycklig och kunde
leva av de pengar han fick över.
Många människor hade bett honom sluta,
men ju mer de gjorde det desto mer gav
Henrik tusan i att betala skatt. Han hade
träffat många präster som, gång på gång,
tillrättavisat honom.
"Du är precis som Israels folk för tusentals
år sedan" sa de.
"Hur var de?" frågade Henrik.
Den präst som ju talade för alla de präster
Henrik träffat, steg fram och citerade:
"Men ju mer de har blivit kallade, desto
mer har de dragit sig undan. Åt baalerna
offrar de och åt de uthuggna bilderna
tänder de rökelse."

Henrik fortsatte som vanligt att ge tusan i
att betala skatt – han tyckte att alla till-
rättavisningar, på något underligt sätt,
snarare var en uppmuntran till att fort-
sätta.
Vid den tiden fick Henrik reda på att en
för honom väldigt betydelsefull person
skulle försvinna. En av de bästa chefer
Henrik någonsin haft, hade fått cancer och
hade bara ett halvår kvar att leva, och
Henrik bröt ihop.
"Allt blir förstört om du försvinner!" sa
han med högt jämmer i rösten. Han
förstod att han aldrig skulle få se den
chefen igen, och skrev en deklaration
särskilt för den chefens skull, och lovade
att någon gång skicka in den.
Prästerna blev än en gång mycket
besvärade av Henrik.
"Ska han gå och bli prokrastinerare nu
också?!" sa de till varandra. "Den där
deklarationen kommer nog dröja innan
den låter sig bli inlämnad."

Tiden gick, och chefens bortgång närmade

sig med stormsteg. Henrik hade inte skickat in deklarationen än, och gav fortfarande tusan i att betala skatt.

"Jag är inte tillräckligt gammal för detta", sa han till sig själv.

Den döende chefen gick nu fram till honom och höll med.

"Det har du rätt i", sa han. "Du är inte ens tillräckligt gammal för att betala skatt. I din ålder förstår man inte ens hur det där funkar – man kan inte leva på obetald skatt. Har man ett startkapital förändras inte den summan bara för att ingenting dras från kontot – i slutändan är summan precis densamma som från början."

Plötsligt ljusnade det för Henrik. Han var inte tillräckligt gammal för att betala skatt. I fråga om hans hobby var det inga deklarationer han skrev; det var dikter som han emellanåt kunde sitta och roa sig själv med. Han skrev konstant, så varje penna som kom i hans väg tog slut på ett par dagar. Därav öknamnet han fått av sina kompisar.

Den döende chefen var inte alls döende. Han var inte chef heller. Han var en lärare

som skulle sluta, och som skulle börja
undervisa på en annan skola till hösten.
Alla dessa påhitt som vår lille Penn-rik
hade gjort var anledningen till att han
levde före sin tid. Han älskade framtiden
så mycket att han ville vara i den hela
tiden. Chefen, som nu blivit tillbakaför-
vandlad till lärare sa vidare:
"Du måste växa upp först, du är ju bara
tio år."

Tjat

Det var en gång en stor och hög chef för ett aktiebolag. Han hade många anställda, och alla var de högt utbildade inom ett tiotal olika områden. De presterade alla sitt yttersta, och gjorde sin chef – som var den högst utbildade av dem alla – mycket nöjd.

Aktiebolaget var framgångsrikt och drog in vinst efter vinst med alla de många affärer de lyckades med, en det var en sak som hade hamnat lätt på sned sen det hade börjat gå bra för aktiebolaget några år tidigare. Chefen, som jag tidigare skrev om, satt på sitt kontor med högburen näsa. Han hade börjat nöja sig med bara intäkterna, och ville inte ha någon mer kontakt med sina anställda. Nu kunde inte ens sekreteraren knacka på hans dörr utan att han blev irriterad.

Nu var det som det var, och det hände sig en annan gång, att aktiebolaget gick back.

Tjugo tusen kronor fattades plötsligt och kunde inte täcka det miljonbelopp som behövde betalas.

Låter det konstigt? Jag är säker på att Du inte är ensam om att läsa ovanstående rad igen.

Praktikanten, som hade fått reda på detta, knackade på chefens dörr och frågade vad som behövde göras i det läget. Chefen drog en suck – dels av lättnad för att problemet inte var så stort, dels av irritation – och sa till praktikanten att betala med lite av de miljarder som fanns kvar istället. Praktikanten gick ut.

Efter fem minuter kom praktikanten inrusandes igen. Det visade sig vara tvärtom: miljarder saknades, kvar fanns bara tjugo tusen och det kunde inte täcka miljonbeloppet som behövde betalas. Chefen dubbelkollade med sekreteraren, och praktikanten visade sig ha rätt.

En utredning startades, och till slut hittade man en av de anställda som låg bakom miljarderna som fattades. Som straff skulle hela aktiebolaget läggas ned; chefen var ändå så fruktansvärt trött på sina anställda – var det fel på en av dem, kunde de andra inte heller vara helt perfekta. Nu hade chefen bara lust att ta de pengar som fanns kvar och resa utomlands.

Ett halvår senare, var aktiebolaget rikt igen, och pengarna som tidigare fattats, hade chefen lyckats få igen flera gånger om genom sitt arbete. Men chefen var fortfarande nedstämd för det som hade hänt sex månader tidigare, så han hade börjat gå i terapi. Psykologen, som vid det laget var den enda chefen kunde prata med, ringde flera gånger om dagen för att tala chefen till rätta. Det chefen nämligen inte hade klart för sig, var att det kanske kunde finnas ett femtiotal av de anställda som inte alls hade gjort något fel i arbetet sen det började. Detta fick psykologen intala chefen tre gånger, innan chefen gav med sig för att slippa tjatet. Aktiebolaget fick finnas kvar, och det hela sammanfattades i följande vers:
"Därför böjer jag mina knän för Fadern."

Språkkonsulten

Det var en gång en språkkonsult som spe-
cialiserade sig på att låta de folk, som
aldrig hade hört sitt eget språk talas av
någon annan än sig själva, få göra det.
Han var egenföretagare, och ägde alltså
ett bolag där de anställda fick åka ut i
olika delar av världen för att prata olika
folks egna språk. Vad de talade om till de
olika folken, var det ingen som visste, för
det hade blivit helt oväsentligt i Sverige.
Ingen i hela världen visste heller var de
anställda hade fått sina språkkunskaper
ifrån – det var en hemlighet. De olika
folken hade tänkt fram och tillbaka i
frågan, men aldrig kommit fram till något;
de anställda var för unga för att ha lärt sig
alla språk – de yngsta hade bara hunnit ta
studenten.

Men en dag, ville språkkonsulten att
hemligheten skulle avslöjas för de olika
folken. Efter den dagens morgonmöte
öppnade de anställda sina ögon, då de

suttit och blundat för att kunna
koncentrera sig. Sedan gick de ut och
gjorde som språkkonsulten hade sagt.

När de sedan hade satt sig på flyget
hemåt, satt det också en passagerare där
som hade hört talas om dessa anställda,
och som nu ville träffa språkkonsulten.
Passageraren fick följa med de anställda
till Sverige, där bolaget hade sitt kontor;
ett stort vitt hus med ett kors på.
"Var är språkkonsulten?" frågade
passageraren.
De anställda log. Hela gruppen hade sett
det stora tornet i Babel, varit med om hur
olika språk hade skapat förvirring i
världen och sedan fått språkkunskaper för
att visa på sin verksamhet. Passageraren
hade nu fått svar. Bolaget som de
anställda utgick ifrån var Kristi kyrka, de
anställda var nyfrälsta och brinnande
ungdomar och språkkonsulten hade gjort
sig förstådd; hans osynlighet berodde på
att han var Gud själv, i form av den Helige
Ande.

Berömmelsen

Det var en gång en ung och nyutbildad skådespelare som hade ett brinnande intresse för teater och skådespeleri – inte minst för att hennes kommande kollegor med största sannolikhet skulle vara artister. Efter examen och några månaders småjobb runtom i Stockholms region där hon bodde, fick hon ett uppdrag på en av Dramatens scener, nämligen Stora scenen, där hon hade fått en biroll i Shakespeares Macbeth.

Med bultande hjärta steg den nyutbildade skådespelaren ombord på tunnelbanan, mot sin första dag på nya jobbet. Hon såg sig omkring, och tittade på de morgontrötta medresenärerna.
"Snart kommer de att känna igen mig" tänkte hon.

Ungefär en kvart senare, var hon framme vid Dramaten. Den guldprydda fasaden fick henne att känna sig som en riktig

prinsessa. Hon andades djupt när hon
slog upp dörren i huvudingången.
Väl inne i den välbekanta foajén, blev hon
hjärtligt bemött av producenten som hon
tidigare hade haft kontakt med. Prod-
ucenten visade den nyutbildade skåde-
spelaren till den alldeles egna logen, som
den nyutbildade skådespelaren skulle ha
under hela projektanställningen. Det var
ett enkelt rum med en klädhängare, ett
litet kök, en soffa, en stol och ett skriv-
bord.
"Gör den här logen till din egen", sa
producenten.
Den nyutbildade skådespelaren hängde
av sig, sedan blev det dags för morgon-
möte i den stora marmorhallen alldeles i
närheten.

Under morgonmötets presentation av det
ånyo bearbetade manuset, höll den ny-
utbildade skådespelaren på att gå i taket.
Där satt hon, på Dramaten, tilldelad rollen
som Lady Macbeth i en av Shakespeares
klassiska pjäser. Huvudkaraktären
spelades av ingen mindre än Jonas

Karlsson. Som om det inte vore nog, satt den nyutbildade skådespelaren precis bredvid regissören för denna scenproduktion, Gösta Ekman.

Hon satt och försökte hålla sig lugn; det var ju trots allt ett jobb hon satt mitt uppe i, och den senaste tiden hade hon lärt sig att det är en fördel om man kan lära sig hålla masken på en teater. Samtidigt slets hon i sitt inre mellan tacksamhet över att få jobba på Dramaten och nervositet inför perioden; vad hade hon gett sig in på?

Månaderna kom och gick, likaså premiären och ett stort antal kvällar som var inbokade för föreställningar. Shakespeares klassiska drama spelades flera kvällar i veckan på Dramatens stora scen, och allt detta hade blivit vardagsmat för den nyutbildade skådespelaren.

Trivdes hon, då? Det kan man absolut säga utan att ljuga, varje gång hon blundade njöt hon av tanken på att faktiskt få jobba på Dramaten. Dock fanns det en sak hon var mer stolt över med sig själv och sitt liv än något annat - näm-

ligen att hon var Guds arvinge och Kristi
medarvinge till den rikedom som väntade
henne i himlen. Därför var hon också glad
för att det som tidigare sagts i denna
berättelse, inte var sant. Vad hon egentlige
hade för sig saknar betydelse, ty det som
händer här i världen kan inte mätas med
det som händer i Guds rike.

Anklagad

Brottslingen satt med bultande hjärta, i väntan på rättegången som med största sannolikhet skulle sluta i hans död. Ett litet ögonblick funderade han över om hårda ord kunde döda. Var det på det viset att man kunde bli anklagad till döds – att anklagelserna följaktligen kunde stanna hjärtat på brottslingen?
"Om det ändå vore så väl", tänkte han.

Klockan var tio på förmiddagen. Ute blixtrade det och mullrade av åskan, och anklagelserna lästes upp. Det var mord, det var terrorbrott, hets mot folkgrupp, ofredande och massor av andra brott som brottslingen tidigare inte visste namnen på. En sak var han dock säker på; detta var USA på sin strängaste och hårdaste tid, och han kunde inte slippa undan. Klockan slog tjugo minuter i tolv.

Hela anläggningen blinkade till kontinuerligt av alla blixtar som slog ner i närheten, och smällarna av åskan lät ännu högre nu när brottslingen gick ut ifrån rättssalen. Han kände ett stadigt grepp av två händer om vardera armen, som kraftfullt förde honom framåt. De gick på den asfalterade vägen. Detta var de längsta tjugo minuterna i brottslingens liv. Låt mig påpeka att de också var de sista.

När de kom in i salen för avrättning, stod den där stolen där. Många som hade suttit ner för sista gången i sina liv, hade suttit i just den här stolen, och nu var det alltså hans egen tur.

Injektionssprutorna stod redo, för att ge brottslingen hans sista överdos som slutligen skulle ta livet av honom. En sista sak finns dock kvar att påpeka, och det är att denna överdos också var hans första. Där, på andra sidan skiljeväggen, stod den riktige brottslingen, och tittade in genom fönstret, på sin Frälsare. Den riktige brottslingen var en fri man, och anklagelserna gällde honom inte. Frälsaren slöt sina ögon, likaså den riktige brottslingen.

När han öppnade sina ögon, stod de framför varandra. Han föll in i sin Frälsares armar, för att denna gång aldrig skiljas från honom igen.

Väckarklockan

En 22-åring från Kinna, vid namn
Johannes, låg i koma. Han hade råkat ut
för en olycka som, när han så småningom
vaknade, skulle ge avtryck på resten av
hans liv.
När jag frågar hans anhöriga vad som
hände den där "behagliga" augustikvällen
berättar de allting. En simtur i havet. En
färga som gick på grund vid en klippa. En
sargad Johannes som hittades däremellan.

Upptäckten av Johannes gick till på ett
ganska underligt sätt. Nästan direkt efter
olyckan var platsen fylld med båtar och
helikoptrar innehållande både kustbevak-
ning polis och ambulanspersonal. Några
meter under vattnet kunde man se ett litet,
litet ljus skina. Det var en tändsticka som
brann, där under vattnet. Den hölls i ett
stadigt handgrepp av Johannes som
hittades fastpressad i klippan.
Det här var ett stort mysterium – för det
första kunde man inte ana dumheten i en

ung man som försöker tända en tändsticka
under vattnet, och för det andra att den
faktiskt brann. Men i slutändan var det
ingen som brydde sig. Myndigheterna
hade annat att tänka på, och familjen för-
trängde det, eftersom de omöjligt kunde
tänka ut en förklaring utan att blanda in
något övernaturligt. Frågan hängde i
luften ett tag, för att sedan helt glömmas
bort. Familjen fick annat att tänka på när
Johannes hjärta stannade.

Det stannade en gång, och den händelsen
blev en väckarklocka på ett sätt som
varken Johannes familj kunde sätta fingret
på då eller som jag kan sätta fingret på nu.

Klockan hinner ringa ett bra tag innan jag
vaknar och stänger av den.
Jag sträcker på mig och vänder mig till
Johannes som ligger precis intill. Han
öppnar sina sömniga ögon och ler. Det här
är inte första natten jag drömt om olyckan.
Och idag har jag svar på allt. Det var
förvisso en olycka som skede, det jag
drömt om i flera nätter hände. Men ett tag

efter att Johannes vaknat upp ur koman,
blev händelsen en stark symbol för vår
del.
En upptäckt omöjlighet som ingen annan,
än Gud själv, kan styra över. Ett rop på
hjälp, ett ljus i mörkret. En Gud som kom
till undsättning. Ett stannat hjärta som
återuppväckts. Detta var berättelsen om
Johannes överlåtelse till Gud.

Fram till denna dag

Jag står bredvid en ängel. Jag är ren, om-
klädd och redo för det stora bröllopet.
Snart öppnas dörrarna, och då får jag se
brudgummen – ansikte mot ansikte –
tillsammans med många andra. Men hur
gick det här till, då? Låt mig ta denna
berättelse från den dagen allt detta
började, fram till denna stund.

Det var slut på repetitionsperioden och
den nyutbildade skådespelaren var redo
för premiären av Shakespeares Macbeth
på Dramaten i Stockholm. Producenten
var nog den som, näst efter regissören såg
mest fram emot detta. Hon gjorde allt som
stod i hennes makt för att hålla humöret
på topp, både hos den nyutbildade skåde-
spelaren och hos alla andra i ensemblen.
Bara några dagar före premiären var
allting helt färdigt; sista rekvisitan var
inköpt, scenografin var på plats, sufflör
och skådespelare kände sig redo. Det var
lördag, och följaktligen tre dagar kvar till

premiären som skulle äga rum på tisdagen. Ensemblen tog helg.

När den nyutbildade skådespelaren kom hem, fann hon att hon hade fått post. Hon öppnade det fina kuvertet, och däri hittade hon en inbjudan. En av hennes gamla studiekamrater från scenskolan. En av hennes gamla studiekamrater från scenskolan skulle gifta sig till sommaren, vilket var om exakt ett halvår. Vid det laget skulle spelperioden vara slut för säsongen och den nyutbildade skådespelaren ha semester.

Premiären kom och gick, liksom ett stort antal kvällar inbokade för föreställningar. Våren rusade förbi, och den främsta planen för sommaren låg för dörren. Under perioden mellan arbetets slut och vännens bröllop fick den nyutbildade skådespelaren samvetskval. Tänk om det stora bröllopet ägde rum samma dag? Samvetskvalet varade bara en kort stund; klart att hon skulle prioritera det himmelska bröllopet!

Efter detta uppfylldes hon av en unik glädje och förväntan, därför började hon bjuda in sina nära och kära till det himmelska bröllopet. Men svaren var inte lika glädjestrålande; alla var nöjda med livet som det var och ville inte binda sig till något som, i deras ögon, verkade konstigt.

Nu stundade vännens bröllop, och det var många bland de bjudna som den nyutbildade skådespelaren inte kände. Förmodligen vännens kollegor på en annan teater.

Och här står vi nu. Jag står bredvid en ängel, och på min andra sida står den nyutbildade skådespelaren. Hon ler åt sin producent, som alltså är jag. Vi ler båda två – av tanken på berättelsen som alltså lett oss fram till denna dag. Berättelsen som förövrigt inte är sann.
Dörrarna öppnas, och vi går in, tillsammans med dem som saknade värde i människors ögon, men som är helt ovärderliga i Herrens ögon. Och härlighet-

en startar sin evighetslånga tillvaro.

105

Skapa

Och mörker var över djupet.
I honom var liv, och livet var människornas
ljus.
Från himlen ger han er regn och tider.

Alla utgick ifrån att mörker var deras ljus,
alla åt sin mat som hade sin utgångspunkt
i mörker. Alla litade på mörker; det var
han som var allas försörjning, det var
mörker som var förklaringen till allt liv på
jorden.

I kyrkan predikades: mörker ska man
helga på sjunde dagen. Alla offrade till
mörker, och trodde att mörker var det
som gällde för evigt liv.

Mörker var ljus, och ljuset lyste i Mörkret
– det som var människornas största
skräck. Alla tackade mörker för hans
skydd mot Mörkret som inte hade över-
vunnit mörker.

På gatorna kunde man se demonstra-
tioner; människor slog ett slag för mörker
– hela jordens räddning från evig
förtappelse.
"Tacka mörker ty han är god, evigt varar
hans ljus!" sjöng de.

Men en person kom på en sak nrä det blev
strömavbrott i staden. Hon märkte att
man inte kan se något i mörker – hon
förstod inte alls vad människorna kunde
se i honom.
"Vem är mörker egentligen?" undrade hon.
Hon förstod direkt – mörker var männ-
iskornas ljus, men det var bara som de
trodde. Det var inte mörker, det var ljus.
När ljuset lyser med sin frånvaro kallas
det mörker. Bland människorna lyste
mörker med sin närvaro. Och mörker kan
ju inte lysa i Mörkret, då ser man ännu
sämre i vår värld.

Mörker föll ner i djupet, och syntes inte
mer. Ett ljus kom upp, och blev
människornas egentliga räddning från
Mörkret.

Ljuset lyste upp sanningen för dem; det de
hade trott var mörker, var ljus. Och ljuset
lyser på Mörkret, och Mörkret har inte
övervunnit det.
Och detta ljus, som alla skulle tro på, var
Gud. I begynnelsen skapade Gud himmel
och jord. Mörker var över djupet, men
Gud lyste med sitt ljus.

Flisan i ögat

Det var en gång två män som bodde i Göteborg. Den ene var rik, hade ett väl-betalt jobb och en lägenhet på Engel-brektsgatan, i stadens centralaste del.
Den andre hade bara några kronor om dagen att leva på, gick omkring på Avenyns trottoarer och tiggde.
Den rike mannen tog varje dag vägen uppför Avenyn när han gick hem från jobbet.

En dag, när den rike mannen som vanligt gick hem från Avenyn och njöt av den behagliga kvällssolen, träffade han på den fattige mannen. På knagglig engelska för-klarade den fattige mannen att han hade sin barnfamilj att försörja, och att han behövde pengar till detta.
Eftersom den rike mannen inte ville ta sitt eget medel till bidrag för den fattige mannens dagliga bröd, gick han till banken, lånade pengar och gav dem till den fattige mannen. Villkoret var att

pengarna skulle betalas tillbaka.
Den fattige mannen tog tacksamt emot
pengarna, och de skiljdes åt.

Efter en längre tid fick den rike mannen
en påminnelse i brevinkastet gällande
återbetalning av lånet han tidigare tagit
för den fattige mannen.
"Jag tänker inte betala det här", sa han till sig
själv; den fattige mannen hade ännu inte
betalat tillbaka pengarna – det värsta var
att han inte syntes på Avenyn längre.
*"Tur i alla fall att jag inte tog av mina egna
pengar"*, tänkte han vidare. *"Det skulle vara
pinsamt om folk fick veta att jag skulle givit
tjugo tusen kronor till en tiggare – en sådan
som ändå bara köper sprit och cigaretter för
pengarna."*
Vid närmare eftertanke kom den rike
mannen fram till att det nog inte var så
klokt att ens ta minsta möjliga lån för den
fattige mannen.

Ett nytt aktiebolag hade startats i västra
Göteborg. Den rike mannen hade börjat
tröttna på sitt gamla jobb och ville se sig

om efter något nytt. Han hittade annonsen i jobbdatabasen och fastnade direkt för det; femhundratusen kronor i årslön, perfekta arbetsvillkor och precis inom det område som den rike mannen var bra på! Utan minsta spår av tvivel, gick han tillväga och sökte jobbet.

Max gick på Avenyn och mindes tillbaka på tidigare år.
"Här har man gått mycket", sa han till sin sekreterare som också var hans fru.
Max hade gått så mycket på Avenyn att det nu inte fanns en stenplatta på marken som han inte kände utan och innan.
Nu gick han alltså här igen, och pratade med sin fru om hur hemskt det var att leva som tiggare. Hur visste han det?
Hans fru nickade i samförstånd till de kloka ord som Max yttrade – men hon var den enda som hade fattat.
De kunskaper han visade prov på, var inte bara sannolikt grundade teorier – de var också ett intyg på tidigare erfarenheter.
För Max, tidigare kallad för den fattige mannen, var före detta illegal invandrare.

Under alla år som hade gått sedan han tog emot pengarna av den rike mannen, hade Max inte bara lyckats få uppehållstillstånd i Sverige. Han hade dessutom skaffat sig språkkunskaper – inte bara i svenska och engelska, även i spanska, italienska, franska, lite latin – och rumänska kunde han redan eftersom det var språket han vuxit upp med. Och det nya aktiebolaget i västra Göteborg var han VD för. Han var en mycket lärd och klok man, som tagit vara på chansen han hade fått till ett förändrat liv. Intäckterna på hans aktiebolag räckte till att betala tillbaka tjugotusen kronor flera gånger om.
Max stod i tacksamhetsskuld till den rike mannen för allt detta, och därför såg han till att den rike mannen fick platsen som vice VD.

Den rike mannen var på väg till sin första dag på nya jobbet, och när han var framme kunde han inte tro sina ögon när han såg Max vid ingången till aktiebolagets kontor.
"Att jag kunde ta så fel!" sa han till Max

som svarade med mycket förlåtelse i
blicken.

Den rike mannen betalade själv tillbaka
lånet på tjugotusen kronor och fick igen
pengarna flera gånger om genom jobbet.
Och, viktigast av allt, tog han bort bjälken
i ögat som i alla dessa år plågat honom
och gett honom fel syn på Max.

Slut.

Cykel-volten

Reklamutdelaren cyklade längs med gatorna på sitt distrikt.

"Det här är en skön gata", tänkte han för sig själv och log; här var det nästan ingen som inte ville ha reklam.

Klockan tickade. Det började bli dags att dra sig tillbaka till kontoret igen, med kollegorna från närliggande delar av distriktet.

Detta bryddе sig reklamutdelaren inte om; det var en fantastisk kväll i juni månad, luften var behagligt ljummen och reklamutdelaren ville passa på att njuta. Han stannade, klev av cykeln och satte sig bekvämt under ett träd.

Han älskade sitt jobb; stadsbo som han var längtade han alltid efter nästa arbetsdag och en självklar anledning till att komma ut till de gröna kommunerna utanför staden. Ibland fick han åka flera mil för att komma till aktuellt distrikt, men hur långt han än åkte och hur besvärligt det än var att kånka på den hopfällbara cykeln under

resorna med kollektivtrafik, var det nästan alltid värt det när reklamutdelaren fick uppleva den sköna naturen de svala, soliga kvällarna.
På det här distriktet hade han varit många gånger. Genom alla år han hade jobbat med denna typ av marknadsföring, hade han lyckats lära sig det här distriktet utantill; han kunde det bättre än alla andra distrikt som han hade varit på lika många gånger. Han satt ofta och vilade sig under det här trädet när han tog rast.

Reklamutdelaren hoppade till av att telefonen ringde. Det var en av kollegorna som undrade var han var. Reklamutdelaren tittade på klockan,lade på luren och kastade sig upp på cykeln. Även om han var en riktigt stor livsnjutare och dessutom kallad för lat av många, var han noggrann med att passa tider. Reklamutdelaren ökade farten. Det viktigaste för honom nu var att inte bli försenad; under sin långa tid hos bolaget hade han blivit sen så ytterst sällan att kollegorna och alla i hans omgivning –

både direkt och indirekt – hade utvecklat
ett förtroende för reklamutdelaren och
hans punktlighet. Han ville inte svika dem
en gång till.
Den totala koncentrationen på vart han
skulle gjorde honom mindre uppmärksam
på vägen. Plötsligt brakade det till –
cykeln for i luften och reklamutdelaren låg
nu på marken. Avsvimmad.

Verkligheten flydde iväg, och reklam-
utdelaren stod mitt i ett stort och blankt
tomrum.
Fyra konstiga figurer for upp framför
honom. De hade samma kroppsbyggnad
som vanliga människor, men istället för
fötter hade de hjul som kunde röra sig åt
alla håll. Figurerna hade fyra vingar var,
och under varje vinge satt en arm. Både
vingarna och hjulen var dessutom spräng-
fyllda med ögon.
Ett starkt ljussken lyste bakom figurerna,
och rösten som hördes där bakifrån var
som ett åskmuller. Den sa till reklam-
utdelaren att, under nästa arbetsdag, ta sig
till en av de svåraste gatorna i distriktet –

där uppförsbacken var brant och nästan ingen ville ha reklam. Sedan blev allt svart.

Reklamutdelaren låg kvar på marken när han vaknade. Han tittade på klockan; ännu hade han en stund på sig att hinna i tid. Förutom ett litet sår i pannan, hade han inte skadad sig alls.
 Han satte sig på cykeln och trampade vidare. Han kom ihåg vad han såg under den korta stund han slocknade, men det tänkte han inte mer på den kvällen.

Det som följer utspelar sig ett halvår senare. Reklamutdelarens titel hade bytts ut till "Budbärare", och det var inte längre reklam han delade ut. Budbäraren hade bytt riktning i sin karriär, och nådde ut till människor på riktigt nu, när han gav ut Guds Ord. Allt detta hade han Gud att tacka för – varje dag var fylld av överraskningar för budbäraren, och han hade aldrig varit lyckligare i hela sitt liv. Han hade fått det roligare och roligare sedan dagen efter cykelolyckan, när han

antog utmaningen som Guds röst
uppmanat till; uppförsbacken var plöstligt
mycket lättare att cykla på, och alla skyltar
med texten "Reklam nej tack" var
borttagna.

Och under budbärarens pauser med
jämna mellanrum under arbetsdagen,
unnade han sig en skön promenad längs
med denna gata – den besvärliga och
otroligt frustrerande gatan, som Gud gjort
till budbärarens personliga favorit.

Ett oväntat besök

En mycket rik familj hade fått ett stort intresse för att bjuda hem folk till sitt stora hus på middagar. Nästan varje kväll var det någon av barnens vänner, familjens släktingar eller rentav en helt okänd, som satt vid bordet och åt kvällsmat med den välbärgade familjen. Men familjen hade gjort en ganska frustrerande upptäckt en av de första gångerna med en gäst i huset, nämligen att det drog i rummet där de åt. Det blåste överallt ifrån – inte kyligt, en det var ett sådant påfrestande drag som, inte minst pappan, blev fruktansvärt irriterad på.
Ingen förklaring fanns. Familjen stängde varje kväll igen alla fönster på hela våningen inklusive där de satt och åt, trots detta drog det fortfarande.
Modern i huset försökte visa ännu mer gästfrihet när gästerna satt och började skruva på sig av tvärdraget.

Den välbärgade familjen började tänka ut

möjliga förklaringar till att det drog. Det visade sig vara svårare än de trodde: På dagarna drog det inte, därför blev det problematiskt när familjen – i tron att det var fel på ventilationen – började söka hjälp av alla möjliga konsulter.
Det var dessutom när de hade det som allra trevligast vid matbordet som det började dra. Då förstod pappan. De hade helt enkelt väldigt stor otur.

Detta ville de inte tro. Därför började de leta efter omöjliga förklaringar till draget istället. De tog in ett medium som gick omkring på våningen och lyssnade efter onda andra. Hon upptäckte ingenting. Inte ett spår av ondska någonstans i huset. Då gjorde familjen något av det mest drastiska någon kan göra i deras skor (speciellt med tanke på att det var en starkt rotad ateistisk familj, omöjliga att försöka övertala när det gäller Gud och kristen tro); de slog upp en bibel, och hittade ett ställe där det stod att vissa som visat gästfrihet hade fått änglabesök utan att veta om det.

Detta förklarade en sak som hade hänt en
kväll vid matbordet; den äldste sonen
påstod sig se ljuvliga varelser i vita kläder
gå omkring i rummet där de satt och åt.
Men då hade pappan bara rutit till och
sagt åt den äldste sonen att hålla igen.
Hursomhelst, så hade familjen nu något
som åtminstone skulle kunna vara ett
svar, och de borde blivit nöjda.
Men pappan trodde inte på det där, så de
struntade i det.

Det var ändå sant. Den välbärgade
familjen hade fått änglabesök, där det som
drog i rummet var änglarnas vingar som
signalerade deras närvaro i rummet, där
de stod och höll ett öga på Guds
underbara barn.

***

Tidigare utgivna titlar

Ett antal texter: de första 140 inläggen

Impulsvers: en spontan utgåva av
diktsamling

Tio små romaner: en utförligare
novellsamling

Platsen tagen: Två liv. Ett kors. En plats
tagen

Namnlös: en novell om lönnmördaren
med musikaliskt intresse

"I den stora regrafen": samlade noveller,
dikter och monologer

***

Tryck och förlag: Books on Demand (BoD)
ISBN: 9789174638165